내 마음속의 오동나무

내 마음속의 오동나무

이현정 시집

두엄

시인의 말

마른풀 덤불 속에서 할미꽃 보다
이쁘게 피고 싶어서
엷은 눈꺼풀 속 눈동자를 반짝이고 있던
엄마의 얼굴과 배밀이 하던 날이 있었다
이 세상의 모든 문을 열고
하늘 위 땅에 비단강 흐르고
추워 보인다고 마음에 이불을 덮었을 때의
그 축축한 날에도 봄은 힘들게 왔지만
얼어붙은 흙의 무게를 누르고
코끝이 빨개지도록 또 쓰고
또 쓰고 싶은 날이 잦아지면
지금처럼 뛰어가고 싶은 날이 오리라
별똥별이 서쪽으로 떨어지는 밤에도
까마득하게 잊어버렸던 날들은
나를 한 뼘씩 키우리라.

2024년 10월
무주 설천 눈내에서 이현정

차례

1부 | 나의 심장박동과 숨소리

■

봄 그리고 비 · 13
너 · 14
꽃에게 · 16
꿈아 · 17
진들의 봄 · 20
찔레꽃 · 21
노랑 구름, 봄 · 22
낙화 · 23
그 여자의 손가락 · 24
꽃차 · 26
귀여운 봄 · 27
개화 · 28

2부 | 숨기거나 꾸미지 않는

■

내 나이 서른 즈음에 · 31
가시덤불과 맨발 · 32
참 좋은 시절 · 34
오히려 꽃 · 35
아름다운 길 · 36
기도 · 38
코사지 · 40
빗방울 전주곡 · 41
길치 · 42
눈내 · 44
빛의 노래 · 45
가나안 · 46
잡초원 · 48

3부 | 천년이라도 채울 듯

■

가을산 · 51

가을꽃 · 52

강둑 · 53

겨울 잠에서 깨다 · 54

골다공증 · 55

그리움 · 56

까치밥 · 57

내 마음속의 오동나무 · 58

도들새김 · 59

보호수 · 60

산울 · 61

어머니의 별 · 62

연(鳶) · 64

시선(視線) · 66

4부 | 아무도 기다리지 않아 기다리지 않아

애착 · 69
일어나서 함께 가자 · 70
선(線) · 71
친구 · 72
첼로 · 74
저녁 운동 · 75
오카리나 · 76
참이슬 · 77
동학 · 78
레퀴엠 · 80

해설 | 장소애와 소리의 변주 · 85

— 최명표(문학평론가)

제1부

나의 심장박동과 숨소리

봄 그리고 비

마늘잎에 빗금을 그리며 내린다
하늘 위 땅에 비단강 흐르고
초록비들 쑥으로 달래로 내리고
쪽파들은 먹구름 단발머리 흩날린다
하늘땅에 뿌리박은 냉이들
개구지게
물구나무를 선다
하늘 모퉁이 꼭 붙잡고

봄 들판은 참으로 볼만하다
엎드려 봄을 살펴보니
온통 초록비가 주룩주룩 내리고
매화꽃 진달래 개나리 벚꽃들 차례로
하늘에 엎드린 내 얼굴 위로
흩날린다
피어난다
꽃봉오리 터져 오르며

하늘 위와 땅에 꽃눈으로 쟁여진다.

너

너는, 태초
동트기 전 혼돈의 궁창 가르고
한줄기 유성으로 날아온 빛의 아들이다
그날 새벽 별은 영롱한 눈으로 문안하였다

너의 발걸음 하나, 하나
사철 열매 맺는 과실나무 도열하였고
새들은 하늘과 땅에 제 발자국 찍고 다녔다
대양은 비로소 기쁨의 파도를 날렸으며
물고기들은 환희에 차 뛰놀았다

큰바람은 마음대로 하늘을 왕래하였으며
구름은 비를 내려 대지를 적시고
태양은 촉촉한 대지를 덥혀 살찌우더니
참 아름답다고 산들은 메아리로 폭발음을 일으켰다

어느 날 하늘이 새로 열렸다
미지의 너 빛의 속도로 내게 달려와
뜨거운 가슴 열고 얼싸안았지

새로 열린 천지에 꽃이 피더라
강물은 수정같이 맑게 흐르고

서로 부대끼다 생긴 생채기에서도
돌 틈의 이끼 풀꽃처럼 실뿌리 엉켜
향기 진동하지 않더냐 우리 서로 손 내밀 때
너는 내 가슴에 뛰노는 대양
여명의 종소리가 울렁인다

새벽 별 눈을 반짝이고 푸르른 빛은 넘쳐
흐르는 강물 위에 은푸른 비늘 세워 수면에 번진다

사람들 같이 산다는 것
사람들 속에 네가 있다는 것만으로도
세상은 충분히 아름답다 네게 향기가 있다
음률이 있다
동산같이 그윽하고 미풍같이 소곤거린다

네게 은밀한 보금자리 있다.

꽃에게
- 만학도

우리 선생님은 나에게 꽃보다 아름답다고
꽃처럼 활짝 웃으시며 말씀하신다

설마요
할미꽃도 저보다 예쁜데요
고개 숙인 자주색 꽃잎 속에 노랗게
웃음 감추고 아직 차갑게 파고드는
봄바람 피하는 깜찍한 지혜로움
저도 할미꽃처럼 지혜롭고 싶어요
수줍게 마른 풀덤불 속 웃음 감추고 있어도
지혜로움으로 가득 차 있거든요
하지만 선생님 진심으로 말씀하신 것 압니다
선생님 눈빛에 따뜻함이 담겨 있어요
나이 많은 제자 힘내라고 응원하시는

선생님,
꽃보다 아름다운 나를 만들어 주셔서 감사합니다
저는 앞으로 더 아름다운 사람 되도록 노력할게요
선생님의 사랑 감사하며,
선생님 존경하는 마음으로 살아갈게요.

꿈아

내 안의 작은 바다 속 꿈 한 송이 너는
감사 가득한 내 기도 소리 들으며
소망 가득한 찬양 소리 들으며 귀를 열었으리
나의 심장 박동과 숨소리
작은 손가락과 발가락 움직였으리
트로이메라이 선율 들으며
얇은 눈꺼풀 속 눈동자 움직이며
파르르 작은 팔 휘저어 지휘했을지도 몰라

내 기쁨의 눈물로 갓 태어난 너를 씻겨
뜨거운 맨 가슴으로 안아 올려
꿈같은 꿈 꾸며 젖 물렸으리
따뜻한 젖 줄기가 너의 목으로 흘러들 때
감격의 눈물 따라 흘렀으리
젖을 빠느라 오목해진 볼 꽃송이 같았지

너의 옹알이는 모든 소리의 첫 노래였으리니
기쁨이 나의 온몸 달구고도 남아
네가 누운 요람을 넘쳐, 온 세계에 가득했었다

엄마의 얼굴과 천정에 도는 모빌과
부신 눈으로 하늘 보던 네가
처음으로 바닥을 보고 땅 헤엄쳤을 때
나의 기분은 높고 넓은 하늘 날았단다
네 작은 주먹이 세상 다 움켜쥐었다고 생각했고
배밀이하던 네가 처음 사족보행에 성공했을 때
땅 딛고 힘차게 일어나 걷기를 환호했었다

이제 세상의 문 열고 나와 걸어라
세상을 마주하고 너만의 노래를
기뻐하며 감사하며 힘차게 불러라
세상이 다 듣게 너의 창조주 찬양하라

높은 산 오를 때나 넓은 바다 건널 때도
너를 보내신 그분이 인도하시리
잠들지 않는 눈빛으로 너를 지키시리
이제 나의 품은 네 꿈속의 고향
너를 위해 기도하는 입술로
미지의 세상 향해 떠나는 너를

밀어주는 뜨거운 바람이 되리

너의 서른한 번째 생일에
오! 나의 꿈아.

진들의 봄

겨우내 동무들과 지치던 얼음장 쩡 쩡
번개 치듯 장군 호령 소리 내며
눈 녹은 냇물에 둥실둥실
몸을 싣고 흘러가고
냇가 버드나무 힘차게 물을 빨아올리면
나물 캐던 무딘 칼로 잘라서 비틀어도
까르르까르르, 버들피리가 된다

들이 길어서 진들,
봄 합창 닮아가는 아름다운 산골 동네
봄노래를 불러내는 내 詩의 씨앗이여.

찔레꽃

눈물로 꽃을 읽습니다
어떤 빛깔로도 표현할 수 없어
하얗게 쓰신 편지

봄이 무르익을 때쯤
새싹들 초록이 되기 전
여름을 준비하는 언덕과 골짜기에
새하얀 향기로 몽글몽글
아침 안개처럼 내려앉아
자애롭게 웃으며 피어나는 꽃

할머니의 기도를 꽃으로 읽습니다

눈에 넣어도 아프지 않은 손주들 남기고
하얗게 하얗게 기도를 온통 흩뿌리며
해마다 봄이면 피어나는군요
우거져 가는 숲 지켜보시며
백지 편지 눈물로 적십니다.

노랑구름, 봄

꽃샘바람 무릅쓰고 산수유꽃처럼
맑은 렌즈 속에 조용히 빛나던
늦겨울 햇살 닮은 미소 뒤 깃듦이 곱다
외로운 눈빛과 가지런하게 고른 치아가
왜 추워 보인다고 마음속에 묻기만 하고
그 이유 한 번 더 생각해 보지 못했을까
차가운 손잡아 녹여주지 못했을까
다가서고 싶었지만 때늦은 후회만 남았네

조용한 미소 속에 감추어진 그늘
눈치채지 못했음에 두고두고 가슴 아팠던

해성하고 자잘한 그대 웃음 잃고야
그 미소 그 외로움 껴안고 살아가네.

낙화

봄바람 타고 떨어지는 꽃 보고
흘리는 눈물은 사치, 꽃은 웃네
하늘하늘 눈처럼 흩날려 눕네
눕고 또 눕고, 눕고 또 누워도
봄 하늘 바라보며 실눈 뜨고 기뻐해.

그 여자의 손가락

여리디여린 새싹 언 땅을 뚫고
순진한 얼굴로 나와
알싸한 봄바람에
재채기하다 시린 몸 움츠린다

벚 가지 아직 찬 바람이 싫어서
잔뜩 웅크리고 눈 꼬옥 감고 있다가
꿋꿋하게 돋아난 새싹을 보고
기특하고 대견하다고 화들짝 놀란다

느린 봄소식에 화난 구름이 다가온다

갑자기 훈훈해진 바람에 실려 온
물방울들 벚나무 부푼 봉오리마다
뾰족한 빗방울로
콕콕콕 코코코코코콕……
개구쟁이 지지배 장난치듯
밤새워 터트리고 어루만지고 다니더니
촉촉하고 부드러운 봄바람

뽀드득 뽀드득 기지개 켠다

그렇게 봄은 힘들게 왔지만
벌떡 일어나 찬란하게 피었다.

꽃차

어느 땅 어느 햇살 아래 각각 향기로 피어
노을빛으로 구름 빛으로 파란 하늘빛으로
물들고 태양빛과 바람에 말라
먼지로 바스러질 꽃잎과 꽃송이
머금은 향기 그대로 각양 빛깔 그대로
어느 손길과 눈길에 말려지고 전해져서

그 방에 이야기, 눈길을 모아
각자의 혀에 조금씩 다른 향기로 감기고

각자의 향기로 빛깔로 토해내는 숨.

귀여운 봄

봄비에 젖은 가지에 씩씩하게 붙어
대지에서 올라오는 이슬방울 구슬을
모자로 뜨개질하여 머리에 쓰고 웃는
새싹의 귀여움이란 모두
하나하나 꽉꽉 깨물어 주고 싶어진다

땅속 깊은 작은 숨소리 밀려 올라온
들판에 돋아나는 새싹도 참 기특하다
얼어붙은 동토를 견뎌 땅의 껍질 찢고
향기로운 새 생명 밀어 올리는지
토닥토닥 등 두드려 응원해 주고 싶다

코끝이 빨개지는 봄바람 꼭꼭 씹어
작고 연약한 이파리 손으로
옅은 햇살 모아 행복하게 마시는
막내 동생처럼 대견하고 사랑스럽다.

개화

봄눈이 마른 가지에 쌓이고,
쌓인 눈 껍질에 젖어 들면
새싹은 기지개 켜며 피어나
기도의 향기 켜켜이 쟁여두네

미세한 봄바람의 말씀에 귀 기울이면
음표로 그려지는 꽃의 악보
내림과 동시에 스러지는 눈송이
물오른 가지에 뿌리내리고
햇살을 마시고 여린 잎 틔우네

봄눈의 발자국 악보를 따라
꽃이 부르는 부활의 새 노래
연두빛 잎과 봄꽃구름으로
봄 들판을 밝혀 교향악 연주하네.

제2부

숨기거나 꾸미지 않는

내 나이 서른 즈음에

대금처럼 길고 좁고 어두운 터널
삶의 허리쯤, 그 아득하고 막막한
끝 어디일지 가늠하기 어려웠던
길 비춰 주시는 그대로 인해
미지의 꿈 향해 장하게 달렸네

많이 눈물 흘리고
울음을 달래려 노래하며 글 쓰며
내비게이션도 없이 미로 같은 광야
밤에는 불기둥으로 추위 덥혀 주고
낮에는 구름 기둥으로 햇살 가려 주셔서
피리 불며 소고 치며 감사의 찬양하네

앞으로 남은 길도 꽃길 아니리
지금처럼 장하게 걸어 나의 길 가리
눈물 흘리는 날 기뻐 웃는 날도
내가 걸어가야 할 이 세상 소풍 길.

가시덤불과 맨발

미안해,
너의 발 찌르려고 한 것 아니야
공기 중 물의 원소 하나라도
숨어 떠다닐까 더듬거리다 보니
가시들 돋아났어

태초에 보암직도 하고 먹음직도 한
한 알의 씨앗이 바짝 말라 사막에 숨었다

물을 구하러 한나절 걸어가서
먹으면 배탈 나는 줄 알면서
어린 젖먹이 동생을 먹이려
오염된 물을 길어 한나절 걸어오는

가시덤불은 거친 세상이고
맨발은 축구선수 꿈인 소년
너의 아픔 이해하고 싶어
가시덤불 속에서 살아가는 너
발에 박힌 가시 하나씩 빼내고

상처를 어루만져 치유해 주고 싶어

하지만 너는 내 도움 거절하고
혼자서 가시덤불 속을 헤쳐 나가려 하지
나는 너의 용기와 의지 존중하지만
너의 아픔 지켜볼 수 없어

가시덤불 제거하고
꽃이 피는 들판 만들고 싶어
맨발이 더 이상 아프지 않도록.

참 좋은 시절

돌쟁이 아기가 장난감 통 바닥에서
힘겹게 딸랑이 꺼내 가지고
딸랑딸랑 흔들며 들어보고 또 흔들고
낯익은 소리에 활짝 하얀 이를 보여 준다
필요 없어져 장난감 통 바닥에서 잊혀졌던
추억 하나 찾아 올렸다

여름날보다 뜨거웠고 치열했던 청춘
배롱나무꽃 수많은 송이송이
그렁그렁 가득 찼던 눈물 되새김한다
그날 온 세상 슬픔의 파도로 찰랑거렸지만
지나온 발자국 되짚어 걸어보니
그날도 참 좋은 날이었다고 끄덕이며

청년도 노인도 아닌 어중띠기 인생이
달콤 쌉싸래한 한 모금 뜨거움 삼킨다.

오히려 꽃

키가 큰 꽃이었다면
매혹적인 아름다움이었다면
내가 무릎 굽혀 너를 자세히 보았을까

 전신마취 수술에 필요한 곧고 굵은 혈관이 없어 손목에 불편하게 꽂아 놓은 링거 바늘에 찌릿찌릿 손목을 움직일 때마다 아픔을 참다가 같은 병실에 익숙하게 생활하는 하얀 모자를 쓴 항암 환자의 모습에 마음으로 합장하고 회개와 감사의 기도를 올린다.

아름다운 길

라제통문에서 벌한마을까지 동생 손잡고
가을 향기 맡으며 걷던 20리
11살 소녀에게 벅찼던 신작로 자갈길
땀 젖은 검정 고무신 미끌미끌 벗겨지고

더위에 지쳐 길 가 나무 그늘에 앉으면
풀벌레, 산새 소리 조잘대며 말 걸어오고
살랑살랑 친절한 실바람 이웃집 언니처럼
흐르는 땀 훔쳐주었지

목청 높여 노래 부르면 메아리 화답하고
졸졸 흐르는 계곡 맑은 물
한 움큼 떠서 마시곤 신이 나서
다시 걷던 오르막 내리막 산길

엄마,
목청껏 부르면 엄마와 아빠 함박웃음으로 반기시던
내 영혼 속, 가을걷이 다랑논으로 이어지는 가을 길

돌아가신 아버지보다 더 먹은 나이가
마음으로 더듬어 걷는 아름다운 이 길.

기도

하나님,
제 정수리에는 어떤 냄새가 날까요?
향긋한 백합꽃향기가 모락모락
피어나면 좋겠습니다

하나님 앞에 머리 숙여 기도할 때마다
제 기도가 하나님 마음에 합한지
숨기거나 꾸미지 않는
기도하지 못하고 있다는 불안감이
늘 사라지지 않아요

하나님,

당신께서 알려주시길 바랍니다

하나님께서 저의 정수리 냄새 맡으셔도
용기 주시고
진정한 기도의 길 제시해 주세요
당신 앞에 머리 숙여

감사와 찬양으로 가득 찬 마음으로
기도할 수 있도록 인도해 주세요.

코사지

 노란 장미 두 송이 기본으로 놓고 봉오리 진 소국 한 가지 배경으로 세운다 국화 두 송이는 자주색 점으로 찍어놓고 노란 국화도 밝게 한 점, 화룡점정은 보라색 패던트, 은색 리본으로 마무리하곤 탁자 위에 다소곳이 주인을 기다리다가

 가을빛 상념에 젖은 여인의 가슴에 한 다발 시로 피어난다.

빗방울 전주곡

점점의 구름이 모였다 흩어지고
흩어졌다 다시 모이며 큰 구름 덩이가 되고
점점 무거워진 구름이 땀방울 같은 빗물 흘리다

고양이 발자국 소리 같던 빗방울 소리
말발굽 소리로 변해 갈 즈음
조금 가벼워진 구름이 기다리던
바람에 몸을 싣고 나면
빗방울은 잦아들고
나뭇잎에 매달린 구름의 땀방울
후드득
후드득 미끄럼을 탄다.

길치

유년부터
일 년에 한두 번 꿈속에서 길을 잃는다
도회지의 골목은 끝까지 길을 열어주지 않고
수많은 대문은 굳게 닫혀 두드려 볼 엄두도 못 냈다

어느 날
엄마 손잡고 시장 갔다가
소 껍데기 졸임 냄새에 영혼이 빠져나가
엄마의 손 놓치고 울고 헤매다
마음을 도둑맞았던 처음 자리로 서 있었더니
사색이 된 엄마가 어미 닭 병아리 껴안듯 품어 안고
제자리에 와서 잘했다고 쓰다듬어 주셨는데

꿈속에서 엄마도 찾아와주지 않고
그 전봇대가 그 전봇대
그 골목이 그 골목
내리막길 오르막길
무엇을 찾는지 무엇을 분실했는지 모를

오늘도 시 속에서 길을 잃는다

그래서 나는 엄마 품 가까운 이곳,
길 잃어버릴 걱정 하나도 없는

봄에는 봄꽃 다투어 피고
가을에는 나뭇잎 곱게 물드는
이곳에 둥지를 꾸리고 시 주워 모은다.

눈내

아버지가
처자식 손잡고 돌아오신 산골
토박이 남편 과일나무 키우며 사는 여기
아름드리나무 같은 아들의 고향
내가 기도하고 꿈꾸어 가꾸는
삼종지도 가르침 받지 않아도 살아가는
봄 여름 가을 겨울이
사랑스럽고 멋스럽게 나를 길러주는
남대천의 상류 눈내.

빛의 노래

깊음을 가늠할 수 없어
더듬어 듣고 있노라면
소리를 길어 올리는 호흡의 두레박
아름다운 소리 읽노라면
어느 사이 울림의 모서리 잡고 버티다
푸른 하늘 흰 구름 사이 날고 있네.

가나안
– 미나리

창공만 열리면 물속에서 호흡을
뿌리내릴 한 줌 흙으로 감사한 삶
힘들수록 더 오묘한 향기 뿜는
푸르름이여, 강인함이여
물꼬 흘러드는 곳에 몇 포기 던져놓으면
뻑적지근하게 미나리꽝 터져 부푼다

새로 뻗은 뿌리에 여리게 솟아오른
포기 포기들 어깨동무 이파리
한 소녀가 카네기홀 데뷔 연주에서
모내기하듯 피아노 두드린다
못줄 넘기는 듯 마지막 터치에
자부심 가득 담아 포물선 그리며
사뿐히 내려앉는 물잠자리 한 마리

노년 여배우 쉰 목소리 유창한 발음으로
당당하게, 유머러스하고 솔직하게
꾸미지 않아도 향기로운 수상 소감
가을 들판 같은

여호수아의 여인들 약속의 땅에 꽃피다.

잡초원

잡초가 대부분인 너른 밭 한가운데
밀짚모자 눌러써 표정을 알 수 없는 농부가
바다 위에 부표처럼 멍하니 앉아 있다

씨도 뿌리지 않았고
뽑아내고 가꾸지 않아도
억척스레 흙을 거머쥐고 버틴다

주객이 전도된 이 땅에
갈아엎고 심고 물 주고 거름 주고
잘 자라라고 기도하고 응원해 준
땀의 씨앗은 찾아보기 힘들고
어디서 도둑처럼 날아온 씨앗이
야무지게도 붙어 자라나서
호랭이 새끼 치게 생겼네.

제3부

천년이라도 채울 듯

가을산

아름다운 빛깔의 가을 그리고 산
별빛 따스함으로 노래하네
서늘한 품으로 받아 안았을 때
선혈이 낭자한 가을의 발등 보고 말았네

아픈 줄 몰랐어 추운 줄 몰랐어

차가운 이슬을 향유처럼 쏟아부어
머리칼로 뜨겁게 닦아주고 싶었네

다양한 별빛 되어 빛나라 가을 산.

가을꽃

아스팔트 뒹굴며 톱질하는 낙엽
오곡백과 모두 거두고 황량한 들판에

각양각색 아롱다롱
수놓는 가을꽃
황혼의 노을 타고 피어나는
찬 서리 견뎌내는 기특한 꽃잎 하나하나
추억과 그리움으로 물들어 촉촉하게 빛나네
바람결에 실려 스쳐 지나가는 향기
한숨과 함께 어딘가 먼 곳으로 날아가네
가을은 이렇게 아름답고도 슬픈 계절

낙엽과 가을꽃 함께 어우러져
만들어내는 풍경 속에서
희망과 위안 찾을 수 있네
낙엽은 흙으로 돌아가
새로운 생명을 키울 밑거름되고
내년 봄에 여린 새싹으로 피어나네.

강둑

강둑에 앉아 하염없이 웁니다
그냥 웁니다
내가 우는 곳 언제나 강둑입니다
30년 동안 날마다 그랬습니다
흘러가는 남대천 무심히 흐르다
깜짝 놀라 토닥토닥 공감하며 흐느낍니다

가을 하늘 구름 한가로이 노닐다
함께 울지도 못하고 재채기합니다
흐르는 강물도 알고
하늘의 구름도 알지만
그 사람만 모릅니다, 그래서
나도 모릅니다 내가 왜 우는지.

겨울잠에서 깨다

겨우내 얼어붙어 단단하던 흙바닥
이제는 봄의 따스한 햇살에 녹아내려
성난 근육처럼 불끈불끈 힘자랑 중이다

나귀 타고 가자
아직 길들지 않은 어린 나귀 타고
새롭게 펼쳐진 봄 길을 달려가자
향긋한 흙냄새 들이마시며
자유로운 바람 머리칼에 담아가며
우리는 푸른 하늘 아래 마음껏 뛰놀자

겨울잠에서 깨어난 흙바닥처럼
우리의 마음도 기지개 켜며 꿈틀댄다
이제는 더 두려움 없이
꿈을 향해 나아가야 할 때다.

골다공증

푸석푸석 마른 땅에 마늘쪽 꽂아 놓고
싹 틔우라 잎 피우라 다독인다
성근 햇살 끌어모아 언 흙을 덥혀
시린 무릎 문질러 아픔 달래본다
그리고 힘줄 핏줄 도드라진
떨리는 두 손 힘껏 모아 기도한다

흔들리는 다리라도 식탁에 가서 앉고
당신 앞에 설 때 달려가 안기게
꿇어지지 않는 무릎으로 손 모아 기도해

은혜로운 생명의 촛불 꺼질 때까지.

그리움

까치가 운다, 반갑다
기다리는 이도 없는데
마음 깊은 곳 어디쯤
그리움의 씨앗 한 톨 숨어 있다
가을비 후 차가운 습기에 싹텄나

상처는 없는데 베인 상처인 양 쓰라리다
가슴속 깊은 곳 그리운 별 한 톨 떠올랐다

어느 돌 틈 사이에서 비집고 나왔더냐
까치의 날개 위에 빛나는
나에게 아픈 고운 별꽃 한 송이.

까치밥

초겨울 차가운 하늘 접시에 감 하나

하얀 낮 밝히는 빨간 가로등
감나무 꼭대기 외로움 친구 삼고
표정 없이 졸고 있는 작은 애드벌룬

높은 하늘 차일 삼아 홀로 잔치 중이다.

내 마음속의 오동나무

광주시 학동 ×××번지
앞마당, 마루에 앉으면 바로 보이던
늠름하게 장군처럼 서 있던 오동나무
아버지는 네 살 큰딸 무릎에 앉히고
오동나무의 나이 세는 법 가르치셨다

소녀는 아홉 마디까지 센 뒤 옛집을 떠나
더 그의 나이를 셀 수 없어 슬펐다
저놈을 키워서 너 시집갈 때 농을 해 줄 거여
옛집에는 아름드리 늙은 오동나무가
마루 끝 우두커니 앉아
손가락질로 마디 세던 어린 소녀를
수많은 마디 수를 늘리며 기다리고 있을까

나이 먹은 소녀 가슴속에는
영원히 낡지 않는 오동나무 농이 산다
아버지가 손수 먹줄 튕기고 톱질하여 만드셨을.

도들새김

그 밤 입속에 남은 커피 향처럼 아득하다

코드를 짚던 단정하고 낭창한 손가락
튕기는 기타 줄 타고 별빛처럼 빛나던
그윽하고 곱던 눈동자, 그 눈동자
잊었노라고 기억 안 난다고 우긴다

로망스 선율만 긴 세월 가슴 강을 흐른다.

보호수

600년간 수많은 이야기를
꼼짝 달싹 못하게 붙잡아 놓았어

봄부터 가을까지 공기놀이 고무줄놀이
핀 따먹기 땅 뺏기 푸른 하늘 은하수
손놀이에 동요를 목청껏 불러 제켜도
귀도 막지 않고 무표정하게 외면하더니
술래가 눈 가리고 수 세면
속으론 '무궁화 꽃이 피었습니다

천년이라도 채울 듯,
나이테로 겨울바람 견디며
다시 올까 하염없이 기다리는
봄을 기다리는지 추억의 아이를 기다리는지.

산울

산울의 가을은 손님맞이 중이다
어느 때 방문해도 변함없는 해님 미소
묻는 안부에도 엄마 품 같은 포근함

표고가 절반인 비린내 없는 담백한 수제비
가볍지 않은 무게의 찻잔에 담겨 나오는
취향 다른 빛깔과 향기와 온도의 맛난 차
편하게 나열된 오밀조밀 찻잔들 다기들
서까래가 고래의 뱃속 같은 복층 나무집
산골 부인들의 자랑 마당 이야기의 뜰

산울이 외롭지 않은지 안부를 묻는 눈길.

어머니의 별

끝을 알 수 없는 넓고 까만 밤하늘에
찡긋! 윙크하는 초승달

엄마 나는 왜 이렇게 생겼어요?
하늘엔 다 반짝이는 별인데

아가야! 너도 별이야 동글고 작은 별 저 별들 다 눈부시게 반짝이지만 스스로 빛나는 별은 없단다 보이지 않는 햇님이 몰래 비춰주어 반짝이는 거란다

햇님이 어디 있다구 안 보이는데

햇님이 하늘로 떠오르면 너무 밝아서 별은 보이지 않는단다 별이 햇님이 너무 눈부시다고 숨고 나면 대지에는 꽃이 방글방글 피어나지 꽃이 된 별들은 햇빛을 흠뻑 받아 밤하늘을 반짝일 꿈을 꾼단다

엄마별은 밤낮 쉼 없는 기도를 한다
초승달이 본래는 둥글다는 것을

하나님의 진리를 알게 해 주시기를
먼발치에서 잠 못 들고 기도하는 별
별을 품었던 가슴은 졸지도 못하고
말로 할 수 없는 기도로 숨을 쉬네

초승달 별은
어머니의 기도로 젖지 않고
꽃이 되어 나비와 노는 꿈을 꾼다.

연(鳶)

하늘 연못에 하늘하늘 띄워 놓고
줄을 감아 단단히 쥐고 달린다
넘어지지 않고 잘 달려야 한다 힘껏
둥실 떠오를 때까지 시선을 고정하고
팽팽해진 줄 늦추지 않고 당기면
너와 나의 팽팽한 줄다리기
밀고 당기는 살기 위한 거리 두기

이 긴장 포기하고 달려가 얼싸안고 싶다
두 손 맞잡고 마티스의 그림, 댄스처럼
다양한 몸짓 청색 하늘 초록산
강강수월래 강강수월래
어깨춤 발장단 들썩이며
단 한 번 꼭 안아 보고 싶다
눈물 나도록 간절히 안고 싶다
안아 보는 일이 이렇게
사무치는 일인 줄 몰랐어, 몰랐었다

질투쟁이 바람이 톱질하기 전

팽팽하게 거리 유지하며
혹시 리듬이 깨질까 나는 달리고
너는 바람을 끌어안고 외로움 견뎌
그리움이 사무쳐 강물처럼 출렁일 때
연줄 팽팽히 당겨 서리서리 감아보자

어서 만나자
얼싸안고 뜨거운 입맞춤으로.

시선(視線)

내가 하면서 내가 알 수 없는 생각
긍정과 부정이 동거하는 복잡한 머릿속
수없이 닥치는 갈림길 마주하며
정글을 탐험하는 여행자 지도처럼
지뢰밭을 더듬어가는 낙오된 병사처럼
꼭 선택해야 하는 멀고도 복잡한 내 삶

보이는 것은 그대로 똑바로 보면 되지
운명의 굴레는 벗을 수 없더라도
예상치 못한 형태의 현실이 닥쳐와도

좀 더 높은 곳에 시선 얹어 놓고
먼 곳 보고 끝까지 달리면
발끝의 장애물은 가볍게 넘어 딛고
긍정이 손 흔들며 반겨 주겠지
발자국마다 응원하며 기다렸노라고.

제4부

아무도 기다리지 않아 기다리지 않아

애착

담요라도 너만 있으면
아무리 낯선 환경이라도 괜찮아
꼭 껴안고 너의 촉감과 온도 느끼노라면
엄마가 곁에 있어도 너를 만지고 싶어

손수건이라도 너만 있으면
엄마가 만져지지 않아도 괜찮아
입속에 대고 너의 냄새 맡으면
따뜻한 엄마 가슴의 온도 느껴져

인형이라도 너만 있으면
내 숨소리와 심장 소리에 귀 기울여 주는 것 같아
꼭 껴안으면 동그란 예쁜 눈 엄마처럼 바라봐 줘서
엄마가 올 때까지 견딜 수 있어

그런데 엄마가 옆에 있어 너도 좋아.

일어나서 함께 가자

바깥세상이 궁금하여 거실 큰 창 열었다
어제 불던 독한 바람이 잠잠하다
덧문을 마저 여니 순해진 온도가 볼에 감겨든다

창가에 촛불 하나 켜서 흔들림 보노라
가슴을 닫는 긴 한숨에 촛농 뚝뚝 뚜르륵

이제 일어나야겠다
먼 길을 떠나야겠다
바람에 흔들리는 촛불처럼 조심조심

나의 마음속 연약한 외침이라도
어둠을 향해 뚜벅뚜벅 걸어 나가리

일어나자 친구야 화내면 지는 거야
활짝 웃는 당당한 작은 불꽃으로
너와 내가 함께 꿈꾸었던
밝게 빛나는 미래 향해.

선(線)

점 하나하나 연속적으로 이어진 자취
내가 너에게 네가 나에게 향하는 길, 직선
오해와 이해를 돌아 화해에 이르는, 곡선
점과 점 사이 이으면 선이 된다

오가는 선 사이 충돌하지 않게 지켜야 할 선
조심조심 너를 잃지 않게 이어야 할 선
간절함으로 까치 발 디뎌 닿아야 할 선
함께 마주 달려와 맞추어야 할 선

너와 나 언제나 두 손을 맞잡아
보름달처럼 한번 안아 보고파
막혀가는 담장에서 돌 하나씩 뽑아내며
얼굴 한 번 더 보고파 가슴 태우자.

친구

개약골 앞 징검다리 건너 강변은
열한 살 가시내 꿈자리였다

동그란 돌 납작한 돌 큰 돌 자갈돌

하루의 숙제인 무거운 꼴망태를
아버지와 밭 갈러 간 소막 앞에 부려 놓고
엄마 젖 배불리 먹고 트림하는 동생 업고
치마를 팔랑이며 강변으로 달린다

납작한 돌 주워 모아 바닥 만들고
포대기 깔고 젖먹이 동생 앉혀놓고
돌멩이를 가지런히 쌓아
큰 돌들 사이에 작은 돌을 끼워
바람이 드나드는 담장 만들다
동생이 심심할까 봐 노래 부른다

지는 해가 눈부시고 피라미들 물 위에
축제처럼 동그라미 그리며 튀어 오르면

애써 쌓은 담장도 강변에 버려두고
배고픈 동생 업고 집으로 달린다

쌓아놓은 꿈자리 강변에 버려두고

이제 학교에서 돌아온 친구 만날 시간.

첼로

다시 목마를 물 마시기 위해 우물가에 서네
마셔도 마셔도 가시지 않는 갈증
고목은 패인 옹이로 눈 흘기고
흐르는 눈물은 정오의 열기 식히지 못하네

아무도 기다리지 않아 기다리지 않아
떠난 사랑 다시 올 리 없어 다시 올 리 없어
기다림 없는 눈동자 먼 산 볼 때
귓가에 울리는 우물보다 깊고 따스한 음성

그는 자기 배에서 금빛 샘물 퍼 올려
사막 길에 상처 나고 메마른 발 씻어주며
목마르지 않을 샘물로 온 맘 적시네
안아 주고 쓰다듬으며 입 맞추네.

저녁 운동

잘라낸 손톱만큼 남은 초승달이
깃털처럼 가볍게 떠 있다
운동복, 티셔츠에 반바지 여인들이
달구어진 프라이팬 위의 콩들처럼
흔들고 비틀며 음악에 맞춰
콩닥콩닥 뛰고 있다

박자가 어긋나서 우습고
동작이 틀려서 즐거운 저녁 운동
가쁜 호흡 흐르는 땀방울만큼
가벼워질 수 있을까?
조금 더 내려앉은 초승달이
키득키득 미소 짓는다.

오카리나

단단한 껍질 속 좁은 방 한 칸 비워
먼바다 불러와 시원하게 모두었네
밀어내려고,
물듦과 번짐으로 갈매기와 구름으로
그리움의 호흡으로 가득히 가두어
다시 바다로 밀어내며 기다리네
노래하고 싶어서 지저귀고 싶어서
수평선 닮은 미소로 밀려와 주시기를
정갈하게 손 모으고 기다리옵니다.

참이슬

첫 모금에 쓰다고 인상 쓰고
두 모금에 달달함을 느끼고
세 모금에 입꼬리가 올라간다

더는 마시지 마라.

동학

인내천 흐르는 곳,
평등의 꿈 심은 동학의 불꽃
역사 속 빛나는 동학의 함성
자유와 평등의 가치 일깨워 주네

최재우 선생,
포접제를 펼쳐
억압받는 백성들에게
희망의 깨우침 전했다

동경대전을 향한 의로운 행진
경주에서 전라도까지 퍼져나간 뜨거운 숨결

제물포 조약, 한성 조약의 치욕에 맞서
백성들은 낫과 괭이 무기 삼아 싸웠다

교조신원 운동,
삼례에서 울려 퍼진 정의의 목소리
전봉준 녹두장군, 의병을 이끌고 일어서다

곳간을 열어 백성들에게 나누어 준
고부의 따뜻한 마음
조병갑 장군의 용맹함, 전쟁터를 누비다

억압과 착취에 맞서 싸운 동학의 영혼
우리는 그들의 정신 이어받아
참 정의로운 세상 만들어야 한다

억압받는 민중의 슬픔과 분노
동학의 노래는 오늘날에도 여전히
우리에게 의로운 분노를 가르친다

동학의 정신을 기억하며
더 나은 미래 향해 나아가자
평등을 위한 끊임없는 노력.

레퀴엠

스물아홉 청춘 배호는 대한민국 가수다

중국 산둥성에서 광복군의 아들로 태어나 인천에서 자랐고
호적명 배만금, 아호 배신웅, 호는 산남,
네 번째 이름 배호를 얻고, 오로지
안개와 비와 밤을 노래하는 별로 살았다

담벼락에 그려진 마지막 잎새처럼
희망을 밝혀 주는 등불 되고자
한 치 앞 기약할 수 없는 노동자의
고단함을 노래로 달래주려
검붉은 통증을 움켜쥐고 부르짖었다
인천항에 유심한 흉상으로 남은
오늘, 배 타고 오가는 여객들 지켜본다

1972년생 성악가가 부르는 레퀴엠
배호의 가슴으로 배호의 향기로
50년 전 떠난 춥고 배고픈 푸른 별, 그를

반추하는 깊고 넓은 목소리로
처절하게 경건하게 안개와 비와 밤을
뜨겁게 찬양하는 열창, 달빛 닮은 그대
시린 영혼 위로하네

소복 입고 따르던 애끓는 여인들
손수건 흠뻑 적시던 진주 눈물방울
지하 주차장까지 따라와 오늘의
이별을 아쉬워하며 반짝이며

어둡고 눅눅한 가슴으로 화려한 빌딩 밑.

해설

| 해설

장소애와 소리의 변주
- 이현정 시집 해설

최명표(문학평론가)

1

 살아 있는 모든 생명체는 소리를 낸다. 즉, 생명체가 소리하지 않거나 소리내지 못한다면 존재의 이유를 상실한 것이다. 따라서 소리는 속에 꾹꾹 쌓아둘 게 아니다. 소리는 반드시 밖으로 나와야 제 기능을 수행한다. 이 점에서 소리는 내면화된 담화로서, 생각의 양태를 알려주는 신호이기도 하다. 어른들이 어린 애들에게 네 속에 있는 말을 해 봐라고 채근하고, 말 못하는 짐승의 몸짓을 보고 병후를 판단하는 것도 죄다 소리의 중요성을 익히 알고 있는 경륜에서 우러난다. 그들은 소리가 내포하고 있는 생각의 모습이 궁금했던 것이다.
 소리는 날마다 밤마다 충만하여 우주를 제 빛깔로 채운다. 그러므로 소리를 주의깊에 들을 양이면, "입속에 남은 커피향"(「도들새김」)을 음미하듯이 고요해질 일이다. 그러고 나면 소리가 "늦겨울 햇살 닮은 미소"(「노랑구름, 봄」)를 머금고 있다는 사실에 전율한다. 소리가 '커피향'과 '미소'로 변주를 거듭하는 사이에 한 편의 시가 놓인다. 시의 자리는 그와 같이 맛있고 볼만하다. 이 모습을 확인할 수 있는 시집으로 이현정의 두 번째 시집을 들 수 있다. 『가을비망록』에 이어 출간한 이 시집에는 그녀가 "아름다운 소리"(「빛의 노래」)를 채집한 흔적이 역력하다.

2

이번 시집에서 이현정은 각별한 장소애를 드러내었다. 앞서 상재한 시집에서도 그녀는 자신의 "남대천의 상류 눈내"(「눈내」)를 작품 안으로 끌어들여서 애정을 표한 바 있었다. 장소는 공간의 한 곳을 특정한 범주이다. 공간이 장소로 좁혀지면 애정의 강도가 각별해질 수밖에 없다. 장소는 언제나 특정하기 때문에 그곳에 거주하는 이에게 특별한 의미를 지닌다. 그들이 수시로 애향심을 표출하거나 애국심으로 단결하는 배경이다. 장소애는 그곳에서 생장한 이들에게 끈끈한 공동체의식을 심어주고, 그들은 그것을 바탕으로 공동체를 꾸려 나가고 수호할 의지를 다진다. 장소는 쉽게 변하지 않는다. 도시처럼 무시로 개발 광풍에 휩싸이는 곳에서는 장소애가 발아하지 못한다. 그 장소는 자본에

의하여 점령되고 거세되고 무화되어 버리기 때문에, 도시인들은 시골 사람들보다 결속력이 약하고 장소에 대한 사랑이 얕다. 외려 그들은 장소를 자주 이동하는 것이 돈벌이에 효과적인 줄 알기에, 자신의 삶터가 어서 개발되어 새로운 장소로 바뀌기를 갈망한다.

그와 달리 "개약골 앞 징검다리"(「친구」)에서 친구를 기다리는 촌사람이나, "라제통문에서 벌한마을까지 동생 손잡고"(「아름다운 길」) 걷던 소녀는 장소가 변하지 않기를 바란다. 그들은 장소의 변화가 친구와의 만남을 가로막고, 동생과의 추억을 삭제할 줄 알기에 산천이 의구하기를 소망한다. 그들에게는 도회지 사람들이 추구하는 물질주의적 사고방식보다, 구성원들끼리 더불어 사는 공동체성이 귀하다. 그렇기 때문에 "손가락질로 마디 세던 어린 소녀"(「내 마음속의 오동나무」)는 "돌아가신 아버지보다 더 먹은 나이"(「아름다운 길」)가 되어도 고향이 예전의 모습으로 상존하기를 원하는 것이다. 그곳에서는 "밀짚모자 눌러 써 표정을 알 수 없는 농부"(「잡초원」)가 "땅속 깊은 작은 숨소리"(「귀여운 봄」)를 들으며 "그리움의 씨앗"(「그리움」)을 파종한다. '농부'가 뿌린 '씨앗'은 그곳을 떠나간 이들을 그리워하는 '그리움'의 '씨앗'이고, 그들이 행했던 "핀 따먹기 땅 뺏기"(「보호수」)의 놀잇소리가 굳어진 '시의 씨앗'이다.

겨우내 동무들과 지치던 얼음장 쩡 쩡
번개 치듯 장군 호령 소리를 내며
눈 녹은 냇물에 둥실둥실
몸을 싣고 흘러가고
냇가 버드나무 힘차게 물을 **빨아올리면**
나물 캐던 무딘 칼로 잘라서 비틀어도
까르르까르르, 버들피리가 된다

들이 길어서 진들,
봄 합창 닮아가는 아름다운 산골동네
봄노래를 불러내는 내 詩의 씨앗이여.
- 「진들의 봄」 전문

'진들'은 소리만 들어도 정겹다. 그 뜻이야 부연할 것도 없이 들이 길다는 뜻이다. 그런 곳에 위치한 마을 이름 중에는 아예 그것을 동네명으로 삼은 경우가 많다. 아니면 긴 들을 열망한 나머지, 협곡에 자리했으면서도 진들이라고 명명하기도 한다. 산도 없는 마을에서 등 뒤의 둔덕을 큰 산이라고 보고 마을 이름을 대산으로 삼은 경우도 있다. 두 경우는 사람들의 기대감이 승하여 지형적 특징을 무시하고 작명한 사례이다. 한편 들도 산지와 평지에 따라 길이나 크기가 달라지니, 들도 들 나름이다. 평야에서 들판이 길다면 앞뒤로 휑한 곳이지만, 산악지대의 무주에서 들이 길다면 사람들이 모여 살기 좋은 곳이다. 앞뒤로 산이 막힌 사이로 난 긴 들판에서 사는 사람들이니 서로 돕고 어울렁 더울렁 얽혀 살 것은 더 말할 나위도 없다. 그런 마을에 사는 이라면 "감사와 찬양으로 가득 찬 마음"(「기도」)을 지녔을 법하고, 시를 쓰는 이라면 시작품에 쓰인 시어끼리도 화목할 것 같다.

이현정의 시가 바로 그렇다. 그녀의 위 시만 해도 어려운 어휘나 첨단의 비유가 없어서 쉽게 읽을 수 있다. 이현정의 시가 지닌 강점이야말로 그처럼 시적 기교가 난삽하거나, 난해한 언어로 해석을 훼방하지 않는 점이다. 그것은 그녀의 시어들이 구체적 삶의 현장에서 채취된 것이자, 온몸에 아로새겨진 질료인 줄 알려준다. 그래서 그녀의 시편에는 관념어나 추상적 표현을 찾아보기 힘들다. 그 예를 얼른 들자면, 그녀는 "동작이 틀려서 즐거운 저녁 운동"(「저녁 운동」), "청년도 노인도 아닌 어중띠기 인생"(「참 좋은 시절」), "목마르지 않을 샘물"(「첼로」), "가을빛 상념에 젖은 여인"(「코사지」)처럼 별도의 설명이 불필요할 정도로 이해하기 쉬운 언어와 비유를 애용한다. 거기다가 "첫 모금에 쓰다고 인상 쓰고/ 두 모금에 달달함을 느끼고/ 세 모금에 입꼬리가 올라간다"(「참이슬」)는 시까지 더해 보면, 이현정의 시가 철저히 실제적 생활과 괴리되지 않은 줄 목도하게 된다.

위 시의 전편을 흐르는 정조는 마을예찬이다. 시인

의 유년기 추억이 소환된 것처럼 보이다가도, 현재의 조건을 찬양하는 것처럼 읽히기도 한다. 그러는 중에도 변함없이 시의 분위기를 고조시키는 것은 소리이다. 예를 들자면, '쩡 쩡', '호령 소리', '까르르까르르' 등은 시가 명랑성을 유지할 수 있도록 어깨동무하며 정성껏 돕는다. 세 소리는 힘을 합쳐 진들의 들판을 진군하며 "질투쟁이 바람"(「연」)의 기세마저 꺾어버린다. '들이 길어서 진들'이므로 소리가 바람을 물리친 여운도 길 터이다. 그와 같이 소리는 공간을 가로지르며 거칠 것 없이 음역을 확장한다. 그에 힘입어 시인이 뜻하였던 '진들'은 '아름다운 산골동네'가 된다. 이현정이 그곳에서 '시의 씨앗'을 채취하는 것은 가외의 소득이다. 이 점은 그녀의 시가 고답적이지 않고 현실에 뿌리를 박고 있다는 증거이기도 하다. 그녀가 끝부분에 '봄합창'과 '봄노래'를 장치한 것은 둘이야말로 '진들'이 생산한 소출, 곧 자신이 자연에서 얻은 시편이라고 못 박아 놓은 것이나 진배없다.

3

월터 옹은 구술문화가 소리로 매개된다고 설파하였다. 다 알다시피, 소리는 일시적 현상에 불과하다. 세상의 온갖 소리는 순식간에 존재를 증명하고 사라져버린다. 그러나 소리는 청자가 기대하건 아니건 간에, 필

연적으로 화자의 개입을 불러온다. 다시 말하면, 소리 하는 자와 듣는 자가 없으면 소리는 우주 중을 떠도는 소음에 지나지 않는다. 소리는 화자와 청자를 맞대 놓고 동시성을 구현한다. 그것은 지금-여기에서 벌어지는 현상으로, 화자와 청자를 음향공간의 중심에 두고 오감을 동원하여 자신의 의도를 파악하라고 요구한다. 물론 청자가 소리의 제안을 수용하지 않아도 무방하다. 하지만 그런다면 소리는 허공으로 산화되고, 청자는 설 자리를 잃어버리고 만다. 둘이 소리를 매개로 상황을 공유하여야 비로소 소리의 진가가 빛을 발한다. 청자가 개입하는 듯하지만, 사실은 발화상황에 소리가 개입하는 셈이다.

소리는 방향성의 제약을 받지 않고 무한대로 뻗어나가는 속성을 갖고 있다. 오감 중에서 청각이 무시당하지 않는 소이가 거기에서 비롯된다. 어느 감각도 소리처럼 무한대로 세력을 확장하지 못한다. 물론 소리 역시 분명히 한계영역을 안고 있다. 그렇지만 빗방울이 "콕콕콕 코코코코코콕……"(「그 여자의 손가락」) 사위를 두드리는 소리가 들리는 곳에서는 "표정 없이 졸고 있는 작은 에드벌룬"(「까치밥」)마저 제 할 일을 잊고 소리에 정신을 팔 것이다. 예나 지금이나 촉각은 친밀성을 증명하기에 적합하고, 시각은 정확성을 드높이기에 알맞다. 그에 비해서 소리는 주변 환경과의 삐걱거림보다는 어울림을 통해서 영토를 확장하고 이웃을 불러

모은다.

> 단단한 껍질 속에 좁은 방 한 칸 비워
> 먼 바다를 불러와 시원하게 모두었네
> 밀어내려고,
> 물듦과 번짐으로 갈매기와 구름으로
> 그리움의 호흡으로 가득히 가두어
> 다시 바다로 밀어내며 기다리네
> 노래하고 싶어서 지저귀고 싶어서
> 수평선 닮은 미소로 밀려와 주시기를
> 정갈하게 손 모으고 기다리옵니다
> ─「오카리나」 전문

외래종 휴대용 악기가 자아내는 소리는 '그리움'이다. 소리는 '오카리나'의 '단단한 껍질 속'에서 '물듦과 번짐'으로 공기 중으로 휘발한다. 오카리나 소리는 하늘로 올라가 "고양이 발자국 소리 같던 빗방울 소리"(「빗방울 전주곡」)로 되돌아온다. 소리의 선회에 따라 '그리움의 호흡'은 길어지고, '빗방울 소리'는 '수평선 닮은 미소'가 되어 '먼 바다'까지 퍼져나간다. 이처럼 가냘픈 오카리나 소리가 사방으로 위족을 뻗으면서 시인의 기다림은 안팎으로 소문난다. 그녀가 기다리는 대상이 분명하게 밝혀지지 않았으나, 기다림은 "내가 너에게 네가 나에게 향하는 길"(「선」)이기에 종국에는 만날 터이다. 그것은 전적으로 소리의 매개로 성사되었다. 그런 이유로 모든 기다림에는 "소리를 길어 올리는 호흡"(「빛의 노래」)이 필요하다.

이처럼 이현정은 둘째 시집에 와서 "미세한 봄바람의 말씀"(「개화」)을 파지하고자 소리를 경청하고 수집하느라 분주하다. 그녀의 시도는 장차 시의 영지를 확대하고 세계를 확장하는 데 쏠쏠히 쓰일 터이다. 이런 측면에서 그녀가 앞으로 "흘러가는 남대천"(「강둑」)에 자주 나와서 물살이 빚어내는 협화음과 불협화음을 동시에 들어보기를 권한다. 전자는 "겨우내 얼어붙어 단단하던 흙바닥"과 비슷하고, 후자는 "겨울잠에서 깨어난 흙바닥"과 유사하다. 전혀 다른 속성이 시 「겨울잠에서 깨다」에 삽입되어서 한 편을 구성하였다. 후자가 불협화음인 이유인즉, 그것이 '깨어난' 때문이다. 땅이 해동하면, 그 속에서 '겨울잠'을 자던 만물이 일어나느라고 겨우내 굽혔던 몸을 펴면서 각기 다른 크기로 부딪친 나머지 삐거덕거리는 소리가 땅 위로 새어 나오기 마련이다. 그처럼 이현정은 동일한 대상에서 노출되는 '협화음/ 불협화음'을 채록하다가 "오늘도 시 속에서 길을 잃는다"(「길치」). 그녀는 이미 "머금은 향기 그대로 각양 빛깔 그대로"(「꽃차」) 찾아낸 전력이 있다. '꽃차'의 '각양'을 인지하고 '그대로' 묘사할 수 있는 이현정이니 만치, "힘들수록 더 오묘한 향기"(「가나안」)를 수집하는 데 진력하리라 기대한다.

4

 위에서 살펴본 바와 같이, 이현정은 두 번째 시집에서 진경을 개척하고 있다. 그녀는 소리와 장소에 집중적으로 관심을 드러내었다. 소리는 그녀의 시편들이 구술적 세계에서 창작되고 있는 줄 뒷받침해준다. 그녀는 소리로 구성된 세계에서 '그리움'까지 발견할 정도로 관찰력이 고도화되었다. 장소에 대해서는 그녀가 앞의 시집에서도 관심을 표했었다. 그것은 그녀의 곡진한 장소애를 세상에 재차 선보이는 것으로, 원시적 질서가 온전한 '눈내'에서 자라면서 이웃들과 공유했던 추억으로부터 비롯된 원초적 감정이다.

 싯구 "나뭇잎에 매달린 구름의 땀방울"(「빗방울 전주곡」)에서 확인 가능하듯, 이현정은 시집의 출판 횟수가 늘어나면서 참신한 비유까지 구사하는 경지에 오르고 있다. 이런 보기는 그녀가 "대금처럼 길고 좁고 어두운 터널"(「내 나이 서른 즈음에」)을 빠져나가려는 진지하고 절박한 자세로 시작에 임하고 있는 줄 알려준다. 따라서 그녀의 시집에 산포되어 시세계를 구성한 소리와 장소애가 훗날 어떤 모습으로 변모하게 될지 기다리는 일은 무료하지 않을 듯하다.

내 마음속의 오동나무

2024년 10월 25일 초판 1쇄 찍음
2024년 10월 30일 초판 1쇄 펴냄

지은이 _ 이현정
펴낸이 _ 라문석
편집장 _ 김옥경
디자인 _ 장상호

펴 낸 곳 _ 도서출판 두엄
등록번호 _ 제03-01-503호
주　　소 _ (41969) 대구광역시 중구 명륜로12길 21
대표전화 _ (053)423-2214
전자우편 _ dueum@hanmail.net

ⓒ이현정, 2024
ISBN 979-11-93360-17-0 03810

＊지은이와 협의하여 인지는 생략합니다.
＊이 책 내용의 전부 또는 일부를 재사용하려면 반드시 지은이와
　도서출판 두엄 양측의 동의를 받아야 합니다.
＊책값은 뒤표지에 표시되어 있습니다.

＊후원 : 문화관광체육부·전라북도·전라북도문화관광재단
＊이 책은 (재)전라북도문화관광재단의 지역문화예술육성지원사업의
　지원을 받아 제작 되었습니다.